Illustrazione di copertina di Alice Loro

Copyright © 2022 Elisa Serafini - www.elisaserafini.com
Proprietà letteraria riservata

Si ringraziano Lorenzo Barisone per il supporto accademico e Raffaele Velotti per il supporto di editing

Elisa Serafini
Economia e unicorni

Capire l'economia dalle notizie di tutti i giorni

A chi cerca conoscenza, informazione, libertà.

Indice

Come non capire i giornali mi ha cambiato la vita 9
Perché l'alfabetizzazione economica è importante 13

1. "Gig Economy: scontro tra sindacati e piattaforme.
   E nasce un nuovo unicorno" 15

2. "Scandalo derivati: coinvolti politici e banche" 20
   Derivati e speculazione 25

3. "Crisi del debito: sale lo Spread. Rating a BBB+" 29
   Le agenzie di rating 32
   Il MES 33
   Gli Eurobond e il PNRR 35

4. "Dollaro forte e sterlina debole: le preoccupazioni
   dell'industria" 37

5. "Dow Jones ai massimi. Borsa in ripresa" 40
   Indici azionari e ETF 42
   ETF 43

6. "Sale l'inflazione: prezzi +20% nelle città" 44
   Stampare moneta 48
   L'abbassamento dei tassi 50

7. Aumentano il PIL ma anche le disuguaglianze:
   l'allarme delle associazioni 52
   Il PIL 54
   L'indice di sviluppo umano 55
   L'indice di povertà 56

8. "Pressione e cuneo fiscale ai massimi storici" 59
   L'elasticità della domanda 62

9. "Stretta su export: i dazi colpiscono la Cina" 65
   Monopoli e oligopoli 66
   I dazi 67

10. "Liberalizzazioni: scontro nel governo" 70

11. "Cripto, e valute digitali: i governi pensano
    alla regolamentazione" 74
    La blockchain 75
    Il Bitcoin 76
    Le valute digitali delle banche centrali (CBDC) 78

Come non capire i giornali mi ha cambiato la vita

«Come stai, Elisa?»

«Sempre uguale…»

«Dai, andrà meglio!»

«Speriamo. Io intanto ho scritto il testamento per lasciare i peluche alle mie compagne di classe». I dialoghi con i miei genitori, nella primavera del 1996, erano più o meno questi. Ero davvero convinta di morire, tanto forte era il dolore che provavo e la paura che avevo, e avevo davvero scritto il testamento dei peluche.

Certo, ci si potrebbe chiedere chi mai avrebbe voluto il peluche di un ornitorinco, ma questa è un'altra questione.

Mi avevano diagnosticato una grave forma di Reumatismo Articolare Acuto, una patologia autoimmune che colpisce il cuore e le articolazioni. Il valore "VES" a 96 scandiva lo stato dell'infiammazione e mi costringeva ad assumere oltre quaranta farmaci ogni ventiquattro ore.

Passavo le mie giornate tra letto e ospedale. Avevo otto anni e mezzo. Nella tristezza e nella noia più profonda in cui mi ritrovavo, senza cellulare, computer o televisione, l'unico sfogo che mi rimaneva era leggere tutto quello che mi capitasse davanti agli occhi.

Avevo presto esaurito i foglietti illustrativi dei farmaci, che ormai ero in grado di recitare ad una velocità maggiore dei doppiatori che intonano *può avere effetti indesiderati*", ma qualcosa da leggere era rimasto ancora: i quotidiani dal colore giallo-rosa che trovavo in camera. Mio padre me li appoggiava la sera accanto al letto, quando veniva a salutarmi. Lui non li apriva nemmeno, li riceveva in ufficio (perché, nei magici anni '90, i giornali venivano ancora distribuiti in modalità *helicopter papers* negli uffici. Bei tempi, soprattutto per noi giornalisti).

Non so perché, pur non leggendoli, ogni sera li portasse a casa. Forse lo muoveva lo stesso istinto che oggi lo induce a conservare i sacchetti, comportamento apparentemente diffuso tra la generazione dei *baby boomer*. Qualsiasi fosse il motivo, leggere quei quotidiani mi ha cambiato la vita. Per mesi ho divorato, inizialmente senza capirci praticamente nulla, centinaia di pagine di Corriere della Sera e de Il Sole 24 Ore. Inflazione, tasse, PIL, commercio: termini che inizialmente apparivano incomprensibili, ma dopo un po' iniziavano a risultare interessanti. Spiegavano perché, ad esempio, il prezzo del Topolino aumentasse così tanto da un anno all'altro. È da quel momento che l'economia, la politica e la scrittura hanno iniziato a far parte di me. Nella sventura di una condizione di cui non capivo il senso, io ho trovato il mio senso. È con questo stesso spirito che ho scritto *Economia e unicorni*. Sono consapevole che la conoscenza sia uno strumento di libertà. Conoscere e capire può aiutarci in qualunque momento della vita: per compiere scelte, per votare, per guadagnare, lavorare. Per essere liberi.

La conoscenza è uno strumento di emancipazione, di democratizzazione, di potenziamento. *Economia e unicorni* per me è un piccolo contributo a chi desidera sentirsi più consapevole, più libero. L'economia regola ogni aspetto della nostra vita, in una dimensione micro e macroscopica. Capire cosa ci succede intorno è il primo passo per poter compiere le migliori scelte. Per noi, per la società. Per il nostro futuro.

Introduzione

Perché l'alfabetizzazione economica è importante

Oggi le notizie sono diventate *commodity*, un termine che impareremo a conoscere e che descrive un prodotto largamente disponibile sul mercato. In altre parole, sono disponibili in abbondanza, eppure non sempre risulta semplice comprenderle, complici una necessaria dose di sintesi e una (meno necessaria) presenza di autoreferenzialità nel linguaggio di chi le racconta.

Quando ascoltiamo un notiziario o leggiamo il titolo di un articolo di natura economica, spesso ci troviamo di fronte a definizioni che sembrano dare per scontata una competenza in questo ambito per la maggior parte degli italiani. Eppure così non è: lo studio dell'economia è riservato solo ad alcuni istituti superiori, e il livello di competenza finanziaria è molto più basso rispetto agli standard internazionali, come dimostrano le frequenti indagini di Banca d'Italia.

Negli ultimi anni, sebbene le conoscenze finanziarie degli italiani siano migliorate, i loro comportamenti e atteggiamenti sono sostanzialmente rimasti stabili.

L'alfabetizzazione economica richiede un dialogo tra le parti che sia semplice, empatico, trasparente. *Economia e unicorni* nasce dall'esigenza di contrastare un'importante inefficienza e asimmetria informativa (termine su cui torneremo) che crea diseguaglianza e disparità di opportunità.

Comprendere contenuti che riguardano l'economia e la politica è utile per cogliere opportunità personali e collettive, maturare convenzioni politiche più consapevoli e ridurre rischi ed errori. La conoscenza produce *esternalità positive*, un concetto su cui torneremo e che ci permetterà di capire in che modo ne possiamo beneficiare tutti.

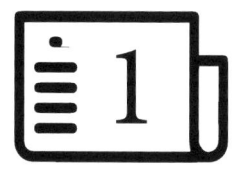

"Gig Economy: scontro tra sindacati e piattaforme. E nasce un nuovo unicorno"

Parole chiave:
- Gig Economy
- Barriere di entrata
- Contratti Collettivi Nazionali (CCNL)
- Aziende unicorno

Alessandro aveva circa cinquant'anni, una grande passione per i droni e una laurea in ingegneria. Ogni pomeriggio guidava una piccola Toyota: era un autista *UberPOP*. Alessandro aveva cominciato a lavorare come autista perché la sua attività imprenditoriale stava andando male. Lo incontravo spesso perché, nel 2014, lavoravo come Marketing Manager in Uber, mentre coltivavo anche la mia carriera da giornalista. Un giorno, mentre viaggiavamo, mi confidò una bellissima riflessione: «La tecnologia mi ha tolto il lavoro e poi me lo ha restituito».

Alessandro, negli anni '90, era distributore di videocassette e supporti di registrazione. Con l'avvento dei DVD, poi, il business aveva subito un forte contraccolpo e la sua società aveva dovuto chiudere i battenti.

Per lui, fare l'autista rappresentava un modo per mettere da parte abbastanza soldi per aprire una nuova attività. Aveva bisogno di pensare, di creare, di rimettersi in pista: il suo settore aveva subìto una grande trasformazione. Sì, lui non era riuscito ad anticiparla, ma ora era pronto a ricominciare. Insomma, Alessandro aveva abbracciato la *gig economy*, un termine che ancora oggi affolla quotidiani e dibattito politico.

Al contrario di quanto i fan della cultura anni Novanta possano pensare, la gig economy non è l'economia basata su Jeeg Robot d'Acciaio, e neanche sul Grande Gigante Gentile. La gig economy, dall'inglese *gig* ("lavoretto"), descrive un'economia basata su piccoli incarichi e, appunto, lavoretti. Con gig, o task, si intendono tipologie di collaborazione caratterizzate da una mancanza di continuità contrattuale, gestite tipicamente da una piattaforma online, e, spesso, basate su un sistema di valutazione del lavoratore da parte del cliente.

Possiamo affermare con relativa certezza che l'inventore della gig economy, così come la conosciamo oggi, sia stato Travis Kalanick, il fondatore di Uber, sebbene anche altre piattaforme prima di lui avessero avviato business di intermediazione tra domanda e offerta per servizi professionali discontinui, come il sistema di prenotazione di alloggi Airbnb. Durante le riunioni con i dipendenti, Kalanick raccontava spesso che, se Uber avesse subìto pressioni regolatorie, avrebbe spostato il business da *consegna di persone* a *consegna di qualsiasi cosa*. Quello che caratterizzava la gig economy, almeno nella sua forma iniziale, era la presenza di intermediazione tra un soggetto aziendale e un soggetto "non professionista".

Uber era nata con questa ambizione: chiunque, nel giro di poco tempo, avrebbe potuto diventare un autista, promuovendo un modello di business in cui l'autista tratteneva l'80 percento della tariffa, mentre il restante 20 percento rimaneva alla società, a copertura dei costi di espansione e marketing.

Il modello di business basato su commissione è replicabile per qualunque attività che sia caratterizzata da basse barriere di entrata, ovvero che non richieda grossi investimenti o capacità per chi vi entra come lavoratore/imprenditore. Seguendo questo principio sono nate piattaforme di tuttofare che assemblano i mobili dell'Ikea, oltre che di dog-sitter, insegnanti e baby-sitter, ma anche di grafici, traduttori, architetti. Ad oggi, il valore complessivo prodotto dall'industria della gig economy è stimato in circa 347 miliardi di dollari, con un trend di forte crescita.

Molte di queste società hanno guadagnato lo status di *unicorno*, termine usato per indicare le startup che in meno di cinque anni raggiungono una valutazione di oltre un miliardo di dollari. Sono casi rari, (come gli unicorni, appunto) ed è per questo che risultano particolarmente interessanti per gli investitori. Qualunque fondo di investimento vorrebbe scommettere e investire in una società che possa trasformarsi in unicorno, ma non sempre è facile riuscire a capire chi potrà fare questo salto.

La caratteristica che crea maggior dibattito nel contesto della gig economy è la quasi totale assenza di contratti collettivi di lavoro nazionali (CCNL), ovvero i contratti "autorizzati" dai sindacati a livello nazionale. Con maggiori o minori sfumature, la gig economy è essenzialmente un'economia che sfugge al controllo di sindacati, associazioni di categoria, politica, e, spesso, del diritto. Per questa sua natura "anarchica" è stata oggetto di teorie al limite del complottismo e di alcune significative guerre di partiti e governi, come il famoso blocco di uberPOP in Italia, sancito nell'estate del 2015 dall'Autorità dei Trasporti, o come la legge spagnola sul delivery varata nell'estate 2020, che ha costretto alcune società a uscire dal mercato e altre a cambiare drasticamente il loro modello di collaborazione.

Da un lato, i sindacati e alcune associazioni di collaboratori della gig economy chiedono di abolire il modello flessibile e introdurre dei sistemi di collaborazione continuativa subordinata, così da "liberare" i lavoratori dall'incertezza della distribuzione degli incarichi e garantire loro maggiori diritti.

Le aziende, dal canto loro, rivendicano la necessità di mantenere un modello lavorativo flessibile, per ragioni legate a costi, volatilità di domanda e offerta e stagionalità di servizi e lavoratori. Il mondo della gig economy ha infatti "aggredito" settori storicamente molto influenzati da stagionalità e orari. Pensiamo ad esempio a un lunedì mattina in una grande città, ore 7:30, pioggia battente. Quante persone che avrebbero preso il motorino, la bici o anche l'auto sceglieranno invece di prendere un taxi o chiamare un Uber? Sicuramente molte di più rispetto a quelle che lo faranno un venerdì pomeriggio alle 16:00, magari con il sole ben alto in cielo. Clima, scioperi dei mezzi, grandi eventi e addirittura partite di calcio influiscono costantemente sull'andamento della domanda e dell'offerta di una grossa fetta dei servizi su piattaforma (pensiamo anche ai servizi di consegne, alloggi o trasporti. L'estrema volatilità della domanda-offerta dei servizi della gig economy rappresenta, secondo le compagnie, il più grande ostacolo all'assunzione dei collaboratori.

Il dibattito tra politica e aziende, estremamente polarizzato, ha portato negli anni alla nascita di una forte polemica politica, con un crescente interesse da parte dei giornali e dell'opinione pubblica.

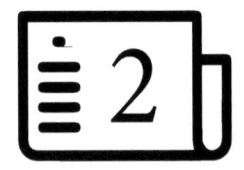

"Scandalo derivati: coinvolti politici e banche"

Parole chiave:
- Derivati
- Futures
- Speculazione
- Asimmetria informativa

Talete di Mileto era un filosofo, astronomo e matematico vissuto intorno al 500 a.C., molto capace, ma deriso dai suoi concittadini, i quali lo "accusavano" di non guadagnare abbastanza con la sua attività intellettuale.

Un tema, questo, che potremmo senz'altro definire ricorrente anche nella nostra epoca. Talete, che non aveva per niente preso sul personale queste critiche, decise di sfidare i propri concittadini mostrando loro che avrebbe potuto guadagnare con attività diverse dalla filosofia con grande facilità: voleva dimostrare che la scelta di perseguire una carriera intellettuale era, a tutti gli effetti, una

"Scandalo derivati: coinvolti politici e banche"

scelta di vita. Essendo un attento conoscitore dell'astronomia, decise quindi di sfruttare questa competenza per provare a guadagnare attraverso la previsione di una circostanza futura.

Fu così che, durante un freddo inverno, Talete sfruttò le sue conoscenze per pronosticare una proficua stagione per la raccolta delle olive. Insomma, una circostanza difficile da prevedere per tutti gli altri. Ma non per lui.

L'anticipazione dei trend futuri è alla base dei *prodotti derivati*, argomento di cui sentiamo parlare su giornali e TV (e che spiegheremo in questo capitolo) e che si basa proprio sull'esperienza di Talete.

Il filosofo, infatti, si recò da un proprietario di frantoi per offrirgli un contratto commerciale molto appetibile. Le condizioni erano semplici: Talete avrebbe depositato una piccola somma che gli avrebbe garantito l'affitto dei frantoi nella stagione successiva, il tutto a un prezzo concordato in anticipo.

Qualche mese dopo arrivò la stagione e fu, effettivamente, eccezionale. Molti agricoltori desideravano quindi utilizzare i frantoi, i quali però erano stati preventivamente "bloccati" da Talete, che fu in grado di generare un guadagno notevole riaffittando immediatamente le strutture a chi le chiedeva.

Probabilmente, se fosse vissuto ai giorni nostri, Talete avrebbe guadagnato milioni grazie a Airbnb, prevedendo il boom del Salone del Mobile o dei Tech Summit di San Francisco.

Perché racconto questo aneddoto? Non solo perché è interessante constatare come Talete sia stato in grado di anticipare un trend, ma anche perché questa sua "idea" viene ancora oggi utilizzata a livello commerciale e finanziario.

Quello di Talete, infatti, è tra i primi casi al mondo di *contratto derivato*, espressione di cui si sente parlare spesso, sebbene non sempre con la dovuta precisione.

I derivati sono contratti che permettono a due soggetti (ad esempio persone o aziende) di effettuare una transazione finanziaria di acquisto o vendita con specifici accordi riguardo durata, valore e altri elementi.

I contratti derivati nascono con l'obiettivo di proteggere gli investitori e i commercianti da alcuni rischi, e si sono trasformati, negli anni, in strumenti finanziari speculativi.

Nella famiglia degli strumenti derivati troviamo *Futures*, *Opzioni*, *Forwards* e *Swaps*. Questi prodotti si differenziano fondamentalmente per tre aspetti: gli elementi caratteristici dei contratti, dove questi vengono negoziati e il loro scopo finale.

Per passare dall'astratto al concreto, pensiamo a un esempio pratico di utilizzo di uno di questi strumenti, il Future, ai giorni nostri. Immaginiamo Lorenzo, un agricoltore specializzato in coltivazione della soia, la famosa pianta asiatica conosciuta per i suoi molteplici usi nell'alimentazione e nell'industria. Utilizziamo dei dati di fantasia: è settembre del 2022, la soia viene venduta sul mercato a 600 $ alla tonnellata. Lorenzo ha di recente conseguito una Laurea in Economia e Finanza, legge le notizie e ritiene che il prezzo della soia possa diminuire nei successivi 6 mesi, proprio quando il suo raccolto sarà effettivamente pronto per essere venduto. Il nostro amico agricoltore teme che possa verificarsi un *eccesso di offerta* della soia: tantissimi produttori stanno entrando nel mercato, ma la domanda sembra rimanere la stessa, complice l'aumento di popolarità di prodotti alternativi e rivali. Se aumenta il numero di produttori, aumenta la concorrenza tra essi e questo può portare ad una riduzione dei prezzi. Sulla base di queste supposizioni – corrette o sbagliate che siano – Lorenzo ha tutta l'intenzione di ridurre il proprio rischio di impresa, proteggendosi con uno strumento finanziario chiamato, appunto, *derivato*. In altre parole, il nostro Lorenzo proporrà al suo acquirente più fedele (la società di produzione di hamburger vegani *Corno*) un contratto derivato nel quale è possibile stabilire un prezzo "futuro" della soia, da lì a sei mesi. Il contratto prevede l'acquisto effettivo della soia il 30 Gennaio 2023, dandosi quindi abbastanza tempo per preparare la distribuzione, le fatture e la raccolta.

Manca solo un elemento: il prezzo. Anche alla Corno Vegan Burger SPA lavorano brillanti economisti, e anche loro non sono in grado di prevedere con esattezza quanto il prezzo della soia varierà da lì a 6 mesi. Per questa ragione, Lorenzo e la Corno stipulano un contratto che prevede vendita e consegna della soia il giorno 30 Gennaio 2023, a un prezzo garantito di 580 dollari alla tonnellata.

Certo, sarebbe stato meglio vendere a settembre del 2022 e a 600 dollari alla tonnellata. Tuttavia, con una buona programmazione, il nostro Lorenzo ritiene di aver ridotto i rischi dovuti a un possibile crollo del mercato, e la Corno SPA si è garantita l'accesso alla materia prima per confezionare gli hamburger per la primavera del 2023.

Il prezzo stabilito dai due soggetti, con le dovute semplificazioni, è il risultato di un contratto derivato chiamato *Future*, che ha l'obiettivo di prevedere il futuro prezzo di un prodotto o di un asset (da qui il nome) attraverso stime e calcoli che considerano proiezioni, prezzi attuali e numerose formule matematiche.

Torniamo al caso di Lorenzo. Passano i mesi, arriva il Natale e il 28 gennaio 2023 il nostro agricoltore legge che la soia è scambiata sul mercato delle *commodities* (le materie prime) a 560 $ alla tonnellata.

In questo caso, Lorenzo può certamente festeggiare: si è infatti "coperto" dal rischio di fluttuazione del valore della commodity, poiché è riuscito a vendere a 580 dollari alla tonnellata quello che oggi, 28 gennaio 2023, viene valutato a 560. La Corno Burger, dal canto suo, avrebbe potuto comprare la soia oggi e pagarla 560 dollari alla tonnellata, ma avendo sottoscritto il contratto con Lorenzo è obbligata a pagarne 580. Poco male, però: si è garantita l'approvvigionamento di soia con largo anticipo e ha potuto iniziare a programmare la produzione dei suoi golosi burger.

Come accade in molti meccanismi commerciali e finanziari, i soggetti coinvolti elaborano un accordo che permetta di allineare diversi interessi, generando vantaggi e opportunità.

Questo procedimento viene utilizzato per molte transazioni: per le commodity (ovvero oro, argento, caffè, cotone) ma anche per valute, bond, azioni, e altro ancora. Il prodotto oggetto dell'accordo coperto dal rischio attraverso lo strumento derivato viene definito *sottostante*, un termine chiave che ti permetterà di capire perché tante persone investono in soia, petrolio o cotone, senza dover acquistare dei grandi magazzini per il deposito di questa merce.

Derivati e speculazione

Tutelarsi dal rischio non è l'unico incentivo che spinge gli agenti economici a utilizzare i contratti derivati.

Molti soggetti acquistano strumenti derivati con il preciso obiettivo di creare un profitto attraverso un meccanismo di acquisto e rivendita del derivato, simile a quello applicato nella vendita di azioni o altri tipi di investimento. Questi soggetti non hanno alcuna intenzione di vendere o comprare il prodotto sottostante, ma hanno il desiderio di ottenere un ritorno finanziario, anticipando i trend di mercato e le variazioni di prezzo dello stesso prodotto. Questo comportamento viene definito *speculativo*.

Ma come funziona, nella pratica, una speculazione? L'investitore simula la transazione commerciale di chi intende realmente acquistare o vendere il prodotto, guadagnando dalle differenze di prezzo che si verificano nel corso del tempo. Vediamo con dettaglio come funziona questo meccanismo.

I futures vengono scambiati sul mercato (così come le azioni), e i loro prezzi sono trasparenti e accessibili a tutti gli operatori.

Immaginiamo di acquistare un future sulla soia, oppure un future di un prodotto sottostante azionario, ad esempio le azioni di Google. Alla chiusura della posizione, che coincide con il momento "finale" del contratto, ovvero con l'acquisto o vendita vera e propria del prodotto sottostante, possono verificarsi tre diversi scenari:
- Il prezzo del prodotto coperto da futures è salito. In questo caso potremo generare un guadagno, poiché avremo diritto ad acquistare un determinato bene o azione ad un prezzo più basso di

quello vigente, e potremo rivenderlo immediatamente generando una plusvalenza.
- Il prezzo è diminuito: in questo caso potrebbe verificarsi una perdita.
- Il prezzo del prodotto è rimasto il medesimo.

Come per ogni prodotto finanziario, anche i Futures comportano rischi e opportunità, e per riuscire a ottenere un profitto è necessaria una buona conoscenza del mercato, dell'industria o di altri dati "sensibili" rispetto alle possibili variazioni di prezzo.

In questi anni, l'uso dei derivati si è affermato soprattutto quale mezzo di speculazione.

I derivati vengono solitamente citati in articoli di giornale, serie TV e documentari in due contesti, e normalmente con una connotazione negativa. Il primo vede l'uso dei derivati come strumenti che permettono agli investitori di guadagnare dalle crisi. Lo scenario è perfetto per un film, un documentario o un video drammatico: le persone soffrono, le aziende chiudono, qualcuno ci guadagna – lo speculatore "che scommette contro".

Lo *speculatore che scommette contro* è un personaggio fittizio spesso rappresentato da banche, fondi o persino singoli individui che troverebbero vantaggio nello sviluppo di una crisi. Persone non degne del nostro affetto, stando a quanto leggiamo dai giornali. Naturalmente, la realtà è un po' più complessa: "scommettere contro" spesso non significa altro che investire in un prodotto derivato, come i *futures,* che l'investitore ritiene possa permettergli di guadagnare da un ribasso di prezzo di un determinato prodotto o asset.

Uno dei più famosi casi riguarda il periodo della crisi immobiliare del 2008. L'investitore Michael Burry, reso celebre dal film *The Big Short* (In Italia "La grande scommessa"), è il volto di questa strategia. Già nel 2007, infatti, Burry aveva previsto correttamente che la bolla immobiliare del mercato immobiliare degli Stati Uniti sarebbe crollata. Le sue ricerche sui valori degli immobili residenziali lo avevano convinto che alcuni prodotti finanziari legati ai mutui (obbligazioni) avrebbero iniziato a perdere valore. Questa convinzione lo portò a investire in prodotti derivati che avrebbero permesso a lui (e al suo fondo) di guadagnare in un contesto di cambio di direzione del mercato immobiliare, fino ad allora in forte crescita.

Il secondo contesto che ritroviamo citato nelle notizie economiche è quello legato all'acquisto di derivati da parte di enti pubblici. Anche gli enti pubblici, infatti, investono denaro. Nei primi anni 2000, il Comune di Milano scelse di acquistare derivati finanziari attraverso contratti stipulati con banche di investimento. La decisione venne contestata duramente da associazioni di consumatori e cittadini, e la vicenda finì in tribunale. Si riteneva che i funzionari del Comune non avessero conoscenze adeguate per poter effettuare questo tipo di operazioni, e che alcuni manager di banca ne avessero approfittato per collocare prodotti finanziari ad alto rischio. Si trattava di una condizione di *asimmetria informativa*, una dinamica in cui una o più informazioni non sono equamente o integralmente condivise tra i soggetti che interagiscono e da cui uno dei soggetti può, quindi, trarre un vantaggio. Condizioni di asimmetria informativa si verificano in continuazione: quando acquistiamo un'auto usata, quando acquistiamo un biglietto del cinema (non sapendo com'è davvero il film) o quando, mettendoci nei panni dell'azienda, forniamo un'assicurazione ad un cliente senza conoscerne abitudini o comportamenti.

L'asimmetria informativa è quindi un fenomeno quasi impossibile da eliminare, che può solo essere mitigato, almeno nei suoi effetti più negativi.

Ma perché, quindi, leggiamo spesso di "vietare i derivati" o di scandali politici legati a questi strumenti? Perché questo tipo di attività, più vicina alla speculazione che alle operazioni di copertura del rischio, è stata promossa anche da fondi finanziari che utilizzavano patrimoni di enti pubblici, autorizzati da politici in carica (sindaci e presidenti di regione). In alcune occasioni, queste operazioni finanziarie ad alto rischio hanno portato perdite e causato danni alle casse degli enti pubblici, con processi che hanno ipotizzato reati di utilizzo improprio dei fondi pubblici.

Per concludere, i derivati vengono utilizzati da imprese, banche, fondi di investimento ma anche da investitori più "classici" per proteggersi e cercare profitto, emettendoli o scambiandoli sui mercati. In alcuni casi, tuttavia, questo strumento finanziario può essere utilizzato con uno scopo strettamente speculativo. Quando l'investimento è gestito da un ente pubblico, può aprirsi un dibattito sull'appropriatezza di attività di questo tipo da parte di soggetti istituzionali.

Tuttavia, vietare l'esistenza degli strumenti derivati significherebbe privare imprenditori e investitori di strumenti che da secoli regolarizzano e proteggono gli scambi commerciali, dai più semplici ai più complessi. Probabilmente un'azione impossibile.

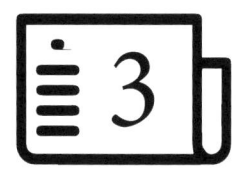

"Crisi del debito: sale lo Spread. Rating a BBB+"

Parole chiave:
- Debito pubblico
- BTP
- Spread
- Bond e Junk Bond
- Agenzie di rating
- Rapporto Debito / PIL
- Junk Bond
- Eurobond, MES, PNRR

Immaginiamo di elaborare un nostro budget: da un lato metteremo le spese e gli investimenti (quindi le uscite), dall'altro le eventuali entrate. Semplificando, possiamo dire che anche il budget di uno Stato funzioni in questo modo.

Così come le persone e le aziende, anche gli Stati possono indebitarsi e chiedere prestiti per finanziare un'attività o un acquisto, avendo quindi a che fare con la dinamica dei tassi di interesse, ovvero di quanto "costa" ottenere e ripagare quel prestito. Gli Stati sono soliti chiedere prestiti al mercato, composto da istituzioni finanziarie e comuni risparmiatori e cittadini, per poter finanziare la spesa pubblica, composta da stipendi pubblici, grandi opere e così via.

Per ottenere questo prestito, gli Stati emettono degli strumenti di debito, detti *bond*, obbligazioni o titoli di stato.

Le obbligazioni sono spesso citate sui quotidiani o notiziari poiché possono essere emesse anche dagli Stati, e questo genera un forte interesse politico, oltre che economico. L'obbligazione è, in sostanza, un prestito. Ha una scadenza predefinita e un tasso di interesse. L'investitore che acquista l'obbligazione presta le proprie risorse all'emittente, in questo caso lo Stato. Questi strumenti possono essere emessi non solo dagli Stati, ma anche da banche, aziende e strutture sovranazionali, come i più recenti "Next Generation EU Green bonds" emessi dalla Commissione Europea per sostenere la crescita tra i Paesi membri. Contestualmente, i titoli di debito possono essere acquistati da investitori, banche e istituti finanziari internazionali, come la BCE, la Banca Centrale Europea.

Gli investitori sono incoraggiati a investire in titoli di Stato dalla prospettiva di vedersi restituita l'intera cifra prestata oltre un importo "premio" maturato per gli interessi. La cifra "premio", ovvero l'interesse del titolo, può variare da Stato a Stato: alcuni Stati emettono bond ad alto rendimento, altri a più basso rendimento, e tra poco capiremo il motivo di questa differenza.

Attualmente, se desideriamo comprare BTP, i titoli di stato italiani, possiamo contare su un interesse annuale del 4,7 percento per dieci anni. Se invece preferiamo acquistare titoli di stato tedeschi, possiamo ambire a un interesse annuale del 2,4 percento, sempre per dieci anni, con regole e vincoli che variano da contratto a contratto.

Trasformando le percentuali in numeri interi possiamo effettuare un semplice calcolo: 470 – 240 = 230 (che equivale al 2,30 percento, ovvero 230 punti percentuali). I 230 punti percentuali rappresentano la differenza aritmetica tra il rendimento dei titoli emessi dallo Stato italiano e quelli di un altro Paese, in questo caso, la Germania. I punti percentuali rappresentano lo *Spread*, il differenziale tra il rendimento dei titoli BTP Italiani a dieci anni e i bond analoghi emessi dalla Germania.

A un primo impatto, quindi, si potrebbe pensare che sia più conveniente e remunerativo investire in titoli italiani.

Certo, più è alto il rendimento, più possiamo guadagnare. Tuttavia, l'alto livello di interesse indica anche il rischio del titolo di Stato. Un Paese che vive un momento di fragilità economica o politica, ad esempio per instabilità dei governi o per eccessivo debito pubblico, potrebbe avere difficoltà a trovare investitori disponibili a fidarsi e sostenere il rischio di un prestito.

Gli investitori potrebbero ritenere che il Paese possa non riuscire a restituire loro la cifra prestata e i relativi interessi, a causa di crisi economiche, rischi di default, guerre o altro. È per questo che i Paesi che godono di meno fiducia da parte degli investitori presentano tassi di rendimento generalmente più alti.

Il ragionamento è semplice: l'investitore è più disponibile a investire in un Paese rischioso se questo rischio viene remunerato, potenzialmente, da un maggior guadagno.

Paesi stabili, come la Svizzera, non hanno motivo di collocare sul mercato bond con tassi particolarmente alti, in quanto il loro rischio è vicino allo 0.

In casi del genere il ragionamento degli investitori è: "Scommetto su un Paese sicuro: avrò un guadagno basso, ma sicuro".

Più sale lo spread, maggiori sono le difficoltà dello Stato italiano nel collocare i propri bond sul mercato rispetto alla Germania, con una conseguente necessità di aumentare ancora i tassi di interesse. L'innalzamento dei tassi provoca a sua volta un aumento dei costi per lo Stato: più gli interessi sono alti, maggiori sono le somme che lo Stato italiano dovrà ripagare a seguito dei prestiti. È raro che uno Stato non riesca a ripagare il proprio debito, ma è successo.

Ma come è possibile capire se uno Stato ha o meno credibilità per poter ripagare i propri debiti? Per aiutare gli investitori, i bond degli Stati vengono valutati da soggetti qualificati: le agenzie di rating.

Le agenzie di rating

Quando si parla di *rating* non ci riferiamo alle stelline sui nostri profili di Blablacar o alle recensioni su Amazon o Tripadvisor –ma ci andiamo vicini. Il rating descrive un voto: un indicatore che viene assegnato a un Paese da organismi di sorveglianza che valutano la solidità delle condizioni economiche degli Stati: le cosiddette agenzie di rating.

Le agenzie di rating assegnano dei voti a lettera: A, B e C, con dei più e dei meno e delle integrazioni tra lettere, come AAB, BBB, CCC+. Queste valutazioni hanno l'obiettivo di fornire indicazioni agli investitori per poter bilanciare i propri investimenti.

Quando il rating di una società o di un Paese è inferiore alla tripla B, viene definito *junk bond,* o "titolo spazzatura". Nel caso dell'Italia questa valutazione è particolarmente importante perché, fino ad aprile 2020, la BCE non acquistava junk bond. Le agenzie di rating che vantano una maggiore considerazione e reputazione sono tre: *Standard & Poor's*, *Moody's* e *Fitch,* regolate da enti e istituzioni ad hoc che ne vigilano il comportamento e le pratiche.

Sui quotidiani economici si legge spesso di Paesi che vengono declassati. Questa circostanza si verifica quando il giudizio espresso dall'agenzia viene cambiato al ribasso.

Un Paese in difficoltà può identificare diverse strade per poter sostenere i propri investimenti. In alcuni casi vengono in soccorso gli organismi internazionali, come il Fondo Monetario Internazionale. Nel caso dell'Unione Europea, uno degli strumenti più citati è quello del Mes, insieme agli Eurobond. Il Mes merita particolare attenzione in quanto strumento utilizzato in numerosi Paesi europei, criticato, apprezzato e spesso frainteso.

Il MES

Il Mes è un fondo costruito nel 2012 grazie alla compartecipazione di diversi stati. Il suo obiettivo è semplice: sostenere i Paesi dell'Eurozona che si trovino in difficoltà finanziaria al fine di evitare un effetto domino sugli altri Paesi. Per semplificare, il Mes può essere immaginato come una cassetta di sicurezza, nella quale i Paesi membri versano fondi di emergenza che verranno utilizzati come base per i prestiti ai membri in difficoltà. Si tratta di un'organizzazione intergovernativa ed internazionale composta da diciannove membri.

La capacità di prestito del fondo è di circa 410 miliardi di euro, e l'assistenza viene concessa secondo rigidi parametri di condizionalità. Questo significa che i fondi vengono concessi "in cambio" principalmente di riforme strutturali, che dovrebbero permettere al Paese beneficiario di migliorare le proprie condizioni economiche.

Di Mes si è parlato molto durante il periodo della pandemia, con un dibattito politico infiammato, specialmente in Italia. Sono diversi i Paesi che, in passato, hanno usufruito di fondi Mes, come Grecia, Irlanda, Spagna e Cipro.

Il caso dell'Irlanda viene presentato come quello di maggiore successo. Il Paese chiese il sostegno del Mes per affrontare una pesante crisi economica, iniziata dopo lo scoppio della bolla immobiliare del 2007. I prestiti Mes vennero concessi a fronte dell'impegno del Paese nel promuovere riforme bancarie e nel diritto del lavoro. I risultati furono positivi: il Paese registrò la crescita più alta in Europa tra il 2014 e il 2016 e una forte diminuzione della disoccupazione.

Il caso della Grecia, invece, è quello più contestato: il Paese ha ricevuto tre diverse tranche di fondi Mes, a fronte di una complessa crisi economica. Nonostante molti passi avanti, rimangono ancora molte sfide, come la disoccupazione (al 19%) e il debito pubblico. Il fondo di stabilità oggi agisce come agente di sorveglianza rispetto alle riforme che devono ancora essere implementate dal Paese per poter restituire il debito.

Gli Eurobond e il PNRR

È bene chiarirlo subito: gli Eurobond non esistono, quantomeno non ancora. Si tratta di uno strumento che deve essere ancora progettato, ma di cui si parla molto sui giornali.

Il principio di funzionamento degli Eurobond ricalca quello dei bond nazionali: lo Stato emette dei titoli di debito pubblico per "chiedere" fondi ad investitori, in cambio della promessa di un rendimento e di una garanzia. A differenza dei bond nazionali, gli Eurobond dovrebbero essere emessi da un'agenzia dell'Unione europea in rapporto ai debiti pubblici dei Paesi dell'Eurozona, e la loro solvibilità verrebbe garantita dai Paesi stessi.

Molti Paesi, però, si sono dichiarati contrari a questa proposta, che costituirebbe un primo passo verso una reale unione fiscale europea.

L'idea di una politica fiscale comune è una proposta che da tempo viene portata avanti da numerosi esponenti politici, ma che si scontra con le posizioni di chi ritiene che sia più utile favorire la concorrenza fiscale tra stati e di chi, come i leader sovranisti, non è disposto a cedere parti di sovranità e di potere a un organo sovrastatale. Dalle necessità emerse a seguito della pandemia sono però spuntate ipotesi realistiche in merito al finanziamento delle attività dei Paesi europei, e queste e riguardano l'acquisto di titoli del debito pubblico da parte della BCE, l'utilizzo di fondi Mes e di meccanismi di finanziamento e sostegno europeo creati nell'ultimo anno.

Gli Eurobond garantiti dall'UE verranno realizzati se vi sarà volontà degli stati di rinunciare alla concorrenza fiscale e cedere parti di sovranità economica, in vista della realizzazione del progetto di un'Unione Europea che promuova politiche fiscali unitarie.

In attesa degli Eurobond, i Paesi membri dell'Unione Europea possono avvalersi di nuovi strumenti, tra cui il Next Generation EU, un fondo da oltre 750 miliardi destinato a sostenere gli Stati colpiti dalla pandemia.

L'Italia è tra i maggiori beneficiari dei fondi europei, che verranno gestiti attraverso il PNRR, il Piano Nazionale di Ripresa e Resilienza, chiamato anche "Italia domani".

Il piano prevede oltre 190 miliardi di euro di investimenti in ambiti come sanità, digitalizzazione e istruzione, erogati dagli organi europei. I fondi vengono concessi per step e, per continuare a riceverli, l'Italia dovrà adempiere al contratto e agli obiettivi.

"Dollaro forte e sterlina debole: le preoccupazioni dell'industria"

Parole chiave:
- Valute
- Apprezzamento e deprezzamento

Capita di leggere, all'interno delle notizie, titoli come "Euro (o dollaro) forte: apprensione sui mercati" o ancora: "Parità dollaro - euro" oppure: "Crolla la sterlina".

In tutti questi casi i giornalisti si riferiscono ad una condizione in cui una valuta perde o acquisisce valore nei confronti del mercato.

Le dinamiche valutarie variano a seguito di molteplici condizioni: flussi di import-export di prodotti, scelte di politica fiscale e monetaria e particolari condizioni macroeconomiche. L'aggettivo "forte" fa pensare, naturalmente, a una condizione positiva. Una valuta forte è migliore di una debole. In realtà, però, è tutta una questione di prospettiva. Possedere una valuta forte significa poter contare su una moneta che, grazie agli scambi monetari, ha acquisito più potere di acquisto sulle altre valute e sui prodotti. Ad esempio, nel 2007 l'euro era considerato "forte" sul dollaro: in altre parole, con un euro era possibile acquistare 1,40 dollari. Io lo ricordo bene, perché avevo approfittato del cambio per poter acquistare negli Stati Uniti un computer da mille dollari "pagandolo" 712 euro: un bel vantaggio. Eppure, non tutto ciò che è positivo per noi è positivo per tutti.

Avere una valuta particolarmente forte significa che i beni che noi esportiamo verso altri Paesi diventano molto più costosi per loro. Un bene che risulta troppo oneroso diventa meno interessante, e quindi i produttori sono costretti ad abbassare i propri prezzi per non perdere i clienti esteri.

Immaginiamo di essere i CEO della Unicorn Srl, un'azienda italiana che produce e vende slitte, pettorine e stalle per unicorni e offre servizi di maneggio. Le nostre strutture sono acquistate in tutto il mondo. Improvvisamente, l'euro si apprezza nei confronti del dollaro, cioè diventa più forte. A seguito di questa variazione, i prodotti risultano il 30 percento più costosi per i nostri clienti americani che possiedono unicorni rosa nei loro ranch dell'Oregon. Questa dinamica potrebbe ridurre la domanda dei nostri prodotti negli USA.

Se anche dovessimo abbassare il prezzo di vendita, per compensare l'abbassamento del potere d'acquisto dei clienti americani, dovremmo comunque continuare a pagare allo stesso modo fornitori e dipendenti italiani. Con una diminuzione dei guadagni dalle vendite di slitte del 15

"Dollaro forte e sterlina debole: le preoccupazioni dell'industria"

percento vengono così ridotti anche i fondi per investire, pagare i nostri fornitori, retribuire i nostri dipendenti. Di conseguenza, la nostra azienda potrebbe perdere capacità economica. Questa è solo una delle conseguenze del fenomeno dovuto alla svalutazione o rivalutazione di una moneta.

Oltre agli effetti sulle esportazioni, il cambio valuta incide anche sul turismo e su altre dinamiche. È per questo che Stati e organi sovranazionali (come la Banca Centrale Europea o la FED, la Banca Centrale Americana) talvolta intervengono per manipolare artificialmente il cambio e il valore della valuta attraverso l'acquisto e la vendita di valute e di riserve a disposizione delle banche centrali.

Nel 2015, ad esempio, lo fece la Cina. Questa strategia però ha dei limiti, poiché gli interventi sui mercati non sono visti sempre positivamente dalle altre parti coinvolte.

Nella storia ci sono state manipolazioni, crolli e crescite valutarie molto famose, come il blocco del franco svizzero nel 2011, quando le istituzioni finanziarie svizzere scelsero di non evitare l'aumento del valore del franco con il preciso obiettivo di evitare danni alle esportazioni.

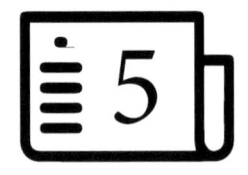

"Dow Jones ai massimi. Borsa in ripresa"

Parole chiave:
- Azione
- Borsa
- Indici
- ETF

La borsa rappresenta un luogo del mistero per molti lettori di notizie. Sentiamo ripetere espressioni come "in salita" o "in discesa", acronimi in riferimento agli indici, ma quante di queste informazioni conosciamo davvero? In questo capitolo darò una panoramica degli elementi essenziali per comprendere le notizie che riguardano la finanza e la borsa, e di conseguenza l'economia mondiale.

Conosciamo tutti la parola "borsa": il luogo dedicato allo scambio di titoli, azioni e prodotti finanziari. Una borsa valori fornisce alle aziende la possibilità di raccogliere capitali attraverso la vendita di azioni agli investitori. All'interno della borsa si trova la Sala delle Grida, che rievoca le scene di film ambientati nel settore della finanza, come "Wolf of Wall Street", quando gli operatori gridavano gli acquisti e le vendite dei titoli.

Oggi si grida di meno, ma si clicca di più: gli ordini arrivano via web, e anche per questo esistono figure di controllo per verificare i *fat fingers*, ovvero gli ordini potenzialmente errati (anche solo di uno zero) causa "dito pesante" sulla tastiera. In effetti, con le grida questo rischio non c'era.

La borsa ha una storia molto antica, che inizia nel 1600 in Olanda e arriva fino ai giorni nostri. Lo scopo, fin dall'antichità, era offrire alle aziende l'opportunità di accedere a capitali e agli investitori quella di partecipare alle attività di un'azienda. Non esistono solo borse per azioni, ma anche piazze di scambio per le cosiddette *commodities*.

In quest'ultimo tipo di borse vengono scambiati contratti finanziari che riguardano materie prime e prodotti agricoli, come grano, orzo, zucchero, mais, cotone, cacao e caffè, oltre a petrolio, altre risorse energetiche e metalli. Il trading su questi prodotti include vari tipi di contratti derivati di cui abbiamo parlato nei precedenti capitoli.

L'*azione* è però lo strumento più menzionato sui media, e può essere definita come l'unità minima di partecipazione di un socio al capitale sociale di una società per azioni.

Questo strumento risulta fondamentale per lo sviluppo delle aziende, poiché è anche attraverso l'emissione di azioni che una società può finanziare le proprie attività.

Inoltre, investire in azioni è relativamente semplice, ed è per questo che ne sentiamo parlare sempre di più.

Indici azionari e ETF

Il concetto di azione ci aiuta a comprendere meglio il significato degli "indici azionari", come *Nasdaq*, *FTSE MIB*, *Dow Jones* e altri ancora.

Gli indici azionari rappresentano il valore di un gruppo di azioni (chiamati in economia "panieri"), caratterizzati da un elemento comune, come ad esempio l'appartenenza a una stessa industria o area geografica, o il fatto di avere metriche economiche simili. Il valore dell'indice (che sentiamo nei telegiornali o leggiamo sul web) è dato dalla media ponderata dei prezzi dei titoli compresi nel portafoglio e rappresenta l'andamento medio di quel paniere di azioni.

Ad esempio, il Dow Jones è un indice che rappresenta l'andamento dei maggiori 30 titoli della Borsa di New York, come Coca Cola, McDonald's o Visa. Il Nasdaq 100 comprende titoli tecnologici, come Microsoft, Amazon o Apple, ed esistono diversi requisiti per far parte di questo esclusivo club, come il numero di scambi medi e l'attività principale.

Gli indici vengono utilizzati per comprendere l'andamento e la performance di una specifica industria o, in generale, di un ambito di mercato. Sono molto utili per poter elaborare strategie finanziarie che considerino una differenziazione e un bilanciamento del rischio. Gli indici azionari sono inoltre impiegati come strumenti base per alcuni prodotti finanziari molto in voga in questi anni, soprattutto tra i più giovani: gli ETF.

ETF

Su Tiktok e Instagram si sente spesso parlare di ETF come strategia semplice di investimento. Dando per assodati i rischi associati a ogni investimento, vale la pena specificare di cosa si tratta. Gli ETF sono dei "replicatori dell'indice" in versione ridotta, utilizzati come strumenti finanziari di investimento. In sintesi, si tratta di una mini-replica dell'indice finanziario.

Immaginiamo di voler investire parte dei nostri risparmi nel Nasdaq 100. Risulterebbe complesso acquistare tutte le azioni, capire quante prenderne, monitorare i risultati e così via.

È qui che l'ETF viene in nostro soccorso, permettendoci di investire "a pioggia" su tutti i titoli, in versione ridotta. Esistono ETF che fanno riferimento ad indici azionari di mercati emergenti, a materie prime oppure a indici tematici, come quelli delle società sostenibili o quelle che si occupano di automotive.

"Sale l'inflazione: prezzi +20% nelle città"

Parole chiave:
- Inflazione
- Deflazione
- Tassi di interesse
- Stampare moneta

Nell'estate del 2021, quando collaboravo a un corso universitario di un master, conobbi Yad, uno studente libanese. Qualche tempo dopo, Yadi mi inviò un'e-mail per chiedermi consigli su come approcciare le aziende italiane per trovare un nuovo impiego, in quanto aveva necessità di un lavoro il prima possibile. Pur avendo messo da parte molti soldi per potersi sostenere durante il master, Yad si ritrovava ora senza potere di acquisto. Il motivo? Il Libano stava vivendo una fase di iperinflazione, una dinamica nella quale i prezzi dei prodotti salgono in maniera esponenziale e spesso la valuta si deprezza. Yad

"Sale l'inflazione: prezzi +20% nelle città"

era passato dal vivere in un appartamento tutto suo a Milano al non potersi permettere neanche una pizza. Ero andata a trovarlo nel suo monolocale a Como (costava meno di Milano) e mi aveva raccontato come viveva l'iperinflazione. Le banche del Libano avevano bloccato tutti i depositi (accade spesso nelle fasi di iperinflazione). Era impossibile trasferire denaro all'estero e la lira libanese aveva perso valore. Yad aveva perso, in media, oltre l'80 percento della sua capacità di acquisto.

Per intenderci, è come se improvvisamente, da un reddito di duemila euro al mese, si passasse a guadagnarne solo quattrocento. Le fasi di iperinflazione non sono comuni, ma possono verificarsi in casi molto specifici. Nel caso del Libano fu a seguito di manovre di politica monetaria azzardate, instabilità politica e altri problemi sistemici.

L'iperinflazione rappresenta la fase più estrema dell'inflazione, appunto. Quest'ultima è una dinamica che negli ultimi mesi ha iniziato ad apparire sempre più spesso nei media italiani, e descrive una condizione in cui i prezzi dei prodotti e dei consumi subiscono un forte rialzo non previsto e, in generale, non positivo per l'economia.

Gli effetti dell'inflazione sono visibili nelle attività di tutti i giorni. Ad esempio, oggi con dieci euro possiamo comprare meno cose rispetto allo scorso anno: l'inflazione attuale ha quindi ridotto il valore della moneta.

Un valore moderato di inflazione, ad esempio del 2-3 percento, è considerato accettabile, ed è il valore che abbiamo registrato per molti anni in Italia.

Ma cosa causa l'inflazione? Le ragioni possono essere molteplici, ma principalmente riguardano diverse macro-categorie.

L'inflazione da domanda, come suggerisce il nome, è causata da sviluppi sul lato della domanda. Questa dinamica si è verificata, ad esempio, a seguito della pandemia, quando i consumi sono ripresi in modo molto significativo in diversi Paesi.

L'inflazione da costi si verifica quando ad aumentare sono invece i costi per la produzione sostenuti dalle aziende. Questa dinamica può verificarsi a causa di condizioni meteorologiche insolite, disastri naturali, guerre o blocchi commerciali che riducono la disponibilità di un bene o di un prodotto.

I costi delle aziende possono aumentare anche a seguito di politiche pubbliche: pensiamo a un aumento delle tasse, la concessione di "bonus" che aumentano artificialmente la domanda, o ancora la presenza di particolari sussidi che possono indurre i lavoratori ad aumentare le proprie richieste salariali. Alcune di queste condizioni si sono verificate in Italia tra la fine del 2021 e tutto il 2022. Pensiamo, ancora, ai bonus che hanno riguardato il mondo dell'edilizia. Improvvisamente milioni di persone si sono ritrovate, artificialmente, un maggiore potere d'acquisto per poter ristrutturare le proprie case. Come hanno reagito le aziende? Aumentando i prezzi: c'era maggiore domanda, i consumatori avevano più soldi nelle loro tasche (anche se in maniera sussidiata) quindi perché non approfittarne? La stessa dinamica si è presentata in alcuni Paesi a seguito dell'incremento dei sussidi pubblici. È ancora presto per poter trarre una conclusione definitiva sugli effetti del reddito di cittadinanza, ma ciò che accade, da alcuni mesi, è che numerose imprese faticano a trovare lavoratori, specialmente nel settore food, retail e hotel.

"Sale l'inflazione: prezzi +20% nelle città"

La storia dell'imprenditore che non trova il dipendente, almeno per alcuni settori, è diventata vera. L'associazione di categoria ConfCommercio Milano ha stimato che, nel 2022, il 58 percento delle aziende del terziario ha provato (e non è riuscita) ad assumere. Sembra che il motivo sia principalmente il reddito di cittadinanza, che a quanto pare indurrebbe molte persone idonee al lavoro a non accettare impieghi o a chiedere salari "oltre le possibilità delle aziende". Anche questa dinamica può contribuire all'inflazione: l'azienda deve pagare di più il lavoratore e, per poterlo fare, aumenta il prezzo dei prodotti.

I movimenti del tasso di cambio possono essere un'ulteriore causa dell'aumento dei prezzi e dell'inflazione. Come abbiamo visto precedentemente, una diminuzione del valore della valuta nazionale comporta una minore capacità di acquisto per i consumatori sui beni importati.

I consumatori sono quindi costretti a spendere di più per acquistare gli stessi prodotti importati, le imprese che fanno affidamento su materiali importati nei loro processi produttivi dovranno sostenere maggiori spese e potrebbero essere obbligate ad alzare i prezzi.

Persino la psicologia può incentivare l'inflazione, e in quel caso diventiamo un po' tutti "responsabili"... ma non dobbiamo sentirci in colpa. Un caso citato da molti giornali è quello delle code infinite ai supermercati o la corsa a questo o quel prodotto in determinati momenti per evitare un futuro aumento dei prezzi. In questo caso si parla di "inflazione da aspettative". Le aspettative di inflazione rappresentano le convinzioni di famiglie e imprese sui futuri aumenti dei prezzi. È importante seguire il ragionamento e non rinunciare a comprenderne la logica, perché è davvero molto semplice, sebbene possa sembrare una dinamica da "Inception".

Se le aziende di produzione di pettorine da unicorni in seta si aspettano che i prezzi della seta possano aumentare, tenderanno a comprare grandi quantità di seta in anticipo, facendo aumentare la domanda del bene. Chi produce la seta, di conseguenza, aumenterà i prezzi, questo è quello che accade, normalmente, quando la domanda di un bene o di un prodotto aumenta: aziende e produttori hanno un naturale incentivo a ricercare maggiori guadagni. Ecco quindi che le *aspettative* sull'aumento del prezzo della seta potrebbero causare un *reale* aumento del prezzo della seta. Allo stesso modo, se i lavoratori si aspettano un aumento dell'inflazione, potrebbero chiedere un aumento del loro salario per compensare la perdita prevista di potere d'acquisto. Questi comportamenti, talvolta definiti "psicologia dell'inflazione", possono contribuire ad aumentare il tasso di inflazione reale. In questo caso possiamo quindi parlare di una profezia che si autoavvera.

Ma quindi, se servono più soldi perché i prodotti costano di più, perché non possiamo semplicemente stampare più banconote? Un ottimo spunto per parlare dell'ultimo caso di dinamica associata all'inflazione: l'immissione di moneta da parte degli Stati.

Stampare moneta

Immaginiamo che la Banca di Unicornia inizi a stampare e immettere centinaia di milioni di euro a beneficio dei suoi cittadini, tramite erogazioni, bonus o altri strumenti.

"Sale l'inflazione: prezzi +20% nelle città"

Improvvisamente, milioni di persone inizieranno ad acquistare sempre più prodotti (o prodotti sempre più cari), perché non vogliono perdere l'opportunità di un'immissione eccezionale di moneta. Prima di questa donazione, il Maneggio di Unicorni della Unicorn SRL offriva lezioni a 30 euro all'ora. Gli studenti più facoltosi e motivati si recavano a lezione tre volte a settimana, gli altri una sola volta. Dopo l'immissione di denaro, all'improvviso tutti i cavalcatori di unicorni decidono di prendere lezioni ogni giorno, weekend compresi.

Il nostro maneggio si trova di fronte a un'opportunità: aumentare il prezzo delle lezioni e guadagnare molto di più, poiché è possibile sfruttare la maggiore capacità di spesa degli studenti. I cavalcatori non si preoccupano più di tanto, ma in realtà la loro capacità di acquisto è diminuita. Prima avevano la possibilità di acquistare una lezione a 30 euro, oggi la stessa lezione ne costa 45.

Quando le Banche Centrali "stampano" denaro, l'offerta di denaro aumenta insieme alla domanda di beni, supportata da una maggiore disponibilità economica da parte dei cittadini. Se però l'offerta di beni rimane stabile, ma non aumenta in linea con la domanda, allora i prezzi aumentano.

Tuttavia, a volte può risultare benefico sostenere la domanda di beni. Ad esempio, un governo potrebbe mettere come priorità la possibilità per tutti di acquistare una casa, generando un possibile aumento della domanda. In questo caso, lo Stato può intervenire attraverso un abbassamento dei tassi.

L'abbassamento dei tassi

Le banche a cui ci rivolgiamo per avere mutui o prestiti chiedono a loro volta soldi alle banche centrali (ad esempio la BCE) per prestarli ai consumatori finali.

Le banche pagano alla banca centrale dei tassi di interesse, che variano a seconda della tipologia di prestito e della durata. Negli ultimi anni, in particolare dal 2014, le banche europee hanno pagato tassi di interesse contenuti.

Caso limite è quello della Banca Nazionale Svizzera (BNS), dove i tassi d'interesse tra il 2015 e il 2022 sono stati negativi e compresi tra -0,25 e 0,25 percento. Queste scelte, di natura politica, vengono fatte quando i governi o gli enti sovranazionali desiderano sostenere imprese e cittadini nel loro potere di acquisto di immobili, auto, o finanziamenti.

Per stimolare l'economia, le banche centrali possono incoraggiare le banche a ridurre i tassi di interesse. L'abbassamento dei tassi di interesse ha un effetto simile a quello della stampa di denaro, perché un maggior numero di persone viene incoraggiato a sottoscrivere prestiti per l'acquisto di automobili e case. Questo meccanismo incentiva una maggiore domanda.

Ma cosa succede se non ci sono più case da comprare?

I prezzi aumentano, e l'inflazione si verifica quando gli acquirenti (domanda) cercano tutti di comprare le case esistenti (offerta). Insomma: anche con le migliori intenzioni è possibile generare effetti non esattamente benefici per i consumatori, ed è per questo che tutte le politiche monetarie dovrebbero essere gestite con grande attenzione.

"Sale l'inflazione: prezzi +20% nelle città"

Per contrastare l'inflazione, al contrario, le banche centrali possono aumentare i tassi di interesse. Questa azione rende i prestiti più costosi sia per le imprese che per i consumatori. Dal momento in cui verranno alzati i tassi, tutti spenderanno di più quando chiederanno soldi in prestito: ad esempio, un normale cittadino potrebbe rendersene conto concretamente di fronte ai tassi di un nuovo mutuo, o in quelli di un mutuo a tasso variabile. Coloro che non possono o non vogliono permettersi pagamenti più alti rimanderanno i progetti che prevedono un finanziamento: in questo modo si riduce il flusso di denaro e il numero scambi. Allo stesso tempo, l'aumento dei tassi incoraggia le persone a risparmiare. L'obiettivo delle banche centrali, in questo caso, è quindi diminuire la quantità di denaro in circolazione, così da "raffreddare" l'economia e, di conseguenza, diminuire l'inflazione.

Si tratta di dinamiche che possono sembrare molto tecniche, ma che hanno un impatto diretto sulla vita di tutti i giorni. Lo Stato è spesso co-responsabile degli innalzamenti (o della tenuta) dei prezzi, ed è per questo che il dibattito pubblico si concentra fortemente su questa materia, anche se non sempre con la dovuta precisione.

L'inflazione viene definita da molti una tassa occulta, perché pesa sul cittadino senza che vi sia un vero e proprio esborso, ma una cosa è certa: una perdita di capacità di acquisto equivale a un impoverimento.

Aumentano il PIL ma anche le disuguaglianze: l'allarme delle associazioni

Parole chiave:
- PIL e GDP
- Disuguaglianza
- Coefficiente GINI
- HDI

Ogni anno, puntuale, appare su tutti i giornali un approfondimento di una nota associazione non profit sul tema delle disuguaglianze. Il report, generalmente, viene presentato in una serata di gala, con stelle del cinema e figure pubbliche della politica e dello spettacolo. I titoli che seguono questo evento sono sempre drammatici, ma spesso, oltre a questo, bisogna analizzare i dati nel dettaglio per comprendere davvero la fotografia di una dinamica economica. Il tema delle disuguaglianze si presta a strumentalizzazioni e la sintesi giornalistica ne riduce, frequentemente, la complessità. Per farci un'idea più completa su questo tema è necessario procedere per gradi.

La disuguaglianza viene misurata, convenzionalmente, da un indicatore chiamato Coefficiente di Gini.

Il coefficiente di Gini è un indicatore economico che misura la concentrazione e la distribuzione della ricchezza, esprimendola con un valore compreso tra 0 e 1. Un valore equivalente a 0 indica un Paese con assoluta uguaglianza, mentre un valore di 1 indica un Paese con assoluta disuguaglianza.

Certo, qualcuno potrebbe desiderare di vivere in un Paese dove la disuguaglianza è molto limitata o addirittura non esiste.

Se questa è la tua scelta, preparati a trasferirti in Bielorussia, oppure in Slovacchia, dove l'indice Gini è 0,24. Italia, Regno Unito e Thailandia oscillano intorno allo 0,35, mentre gli Stati Uniti sono a 0,41. Il Paese con l'indice Gini più alto al mondo è il Sud Africa, con 0,63.

Un Paese con molta uguaglianza potrebbe essere lo specchio di una società in cui tutti i cittadini sono poveri, oppure dove le politiche hanno centrato un obiettivo di redistribuzione basato su un principio di equità. Si ritiene, infatti, che un'equa distribuzione della ricchezza permetta di evitare, o almeno ridurre, il rischio di conflitti sociali. Molti dei Paesi ad alto coefficiente Gini hanno vissuto di recente piccoli o grandi movimenti di rivolta popolare: penso al Sud Africa, alla Colombia, e a Hong Kong.

Il coefficiente Gini non è tuttavia sufficiente per valutare o comprendere un Paese, e per questo gli analisti di tutto il mondo considerano e osservano anche altre metriche, come il PIL o l'HDI, l'indice di sviluppo umano (*Human Development Index*).

Il PIL

Il PIL (o *GDP* in inglese) misura la produzione totale di beni e servizi nell'economia. Quando si parla di "crescita del PIL" ci si riferisce all'aumento delle dimensioni dell'economia di un Paese in un periodo di tempo.

Il prodotto interno lordo (PIL) è la misura più comunemente utilizzata per le dimensioni di un'economia. Il PIL può essere calcolato per un Paese, una regione o per più Paesi insieme, come nel caso dell'Unione Europea (UE) ed è il totale di tutto il *valore aggiunto* creato in un'economia. Per valore aggiunto si intende il valore dei beni e servizi prodotti meno il valore dei beni e servizi necessari per produrli.

Questa metrica è importante perché fotografa lo stato di salute di un'economia. Come spesso accade, un dato preso in forma univoca ha poco senso. Un Paese potrebbe presentare un PIL relativamente contenuto, ma allo stesso una ricchezza individuale molto elevata, o viceversa. In quel caso è bene considerare non solo il dato grezzo, ma anche il PIL pro capite, ovvero il valore del PIL in rapporto alla popolazione.

In questo modo, le classifiche di Paesi per PIL o per PIL pro capite sono molto diverse. Oggi i Paesi con il PIL maggiore sono Stati Uniti, Cina, Giappone, Germania. L'Italia, secondo questo parametro, è la nona economia al mondo. Se invece consideriamo il PIL pro capite, o *GDP per capita*, troveremo una classifica molto diversa: sul podio vedremo piccoli Paesi, come il Liechtenstein, Singapore, la Svizzera o il Principato di Monaco. In questo caso, la ricchezza generale è elevata considerati i numeri ridotti della popolazione.

L'indice di sviluppo umano

L'indice di sviluppo umano (o *HDI*), invece, è frutto di un complesso calcolo che considera altre variabili oltre alle metriche economiche, come l'accesso all'istruzione, il benessere, la salute e il tenore di vita.

È vero, l'economia non è tutto. Pur essendone consapevoli, essa rappresenta chiaramente una grossa fetta del benessere di un Paese, ed è per questo che l'ONU, nello sviluppare questo indice, non ha escluso anche le metriche economiche. L'Indice di Sviluppo Umano (HDI) è una misura dei risultati medi ottenuti nelle dimensioni chiave dello sviluppo umano: una vita lunga e sana, accesso all'istruzione e un tenore di vita considerato dignitoso. L'indice è la media geometrica degli indici normalizzati per ciascuna delle tre dimensioni.

Sembra complesso? Detto in parole povere, la dimensione della salute è valutata in base all'aspettativa di vita alla nascita, quella dell'istruzione in base alla media degli anni di scolarizzazione per gli adulti e quelli previsti per i bambini in età scolare. La dimensione del tenore di vita, invece, è misurata dal reddito nazionale lordo pro capite. I punteggi delle tre dimensioni vengono poi aggregati in un indice composito utilizzando la media geometrica.

L'HDI è utilizzato per valutare le scelte politiche nazionali, mettere a confronto Paesi e stimolare il dibattito sulle priorità politiche dei governi.

Tuttavia, questo indice semplifica e cattura solo una parte di ciò che lo sviluppo umano comporta. Non riflette, ad esempio, le disuguaglianze, la povertà, la sicurezza umana, l'empowerment e molto altro. L'HDI è stato creato anche per dare un messaggio politico, sottolineando che il criterio ultimo per valutare lo sviluppo di un Paese dovrebbero essere le persone e le loro capacità, e non la sola crescita economica.

L'indice di povertà

Infine, uno dei più importanti indicatori utili a comprendere un Paese è l'indice di povertà (in inglese *poverty rate*). Questo indice è, a mio parere, il più interessante, perché permette di capire quanto uno Stato è in grado di contrastare la povertà dei suoi concittadini. Fortunatamente, la povertà nel mondo è diminuita di molto, e questo potrebbe sorprendere, considerando il dibattito allarmista a cui siamo abituati, con figure pubbliche come attori e personaggi dello spettacolo che spesso si esprimono sul tema lasciando intendere che oggi le cose vadano peggio che un tempo.

Fortunatamente non è proprio così, e i dati lo dimostrano, sebbene gli effetti della pandemia abbiano, per la prima volta, invertito il trend. Ma andiamo per gradi.

Come sappiamo, la popolazione mondiale è aumentata in modo consistente dal 1950 a oggi. Si potrebbe pensare che la crescita demografica abbia amplificato il problema della povertà, ma un pensiero simile non prende in considerazione il dinamismo delle dinamiche di commercio e mercato. Oggi sono 700 milioni le persone che vivono in uno stato di povertà, su circa 7,8 miliardi. Nel 1950, quando le economie occidentali iniziarono la loro crescita a seguito della seconda guerra mondiale, la popolazione mondiale contava 2,52 miliardi di persone. Oltre il 70 percento (quindi 1,81 miliardi) viveva in condizioni di estrema povertà, con meno di 1,90 dollari al giorno a parità di potere d'acquisto.

Nonostante il triplicarsi della popolazione mondiale, il numero assoluto di persone che vivono in povertà è diminuito di oltre il 60 percento. Trend simili si sono registrati per molti altri indicatori di benessere. Durante l'era della globalizzazione, dal 1950 al 2016, l'analfabetismo è sceso da due terzi della popolazione al 15 percento. La vita media è aumentata da 48 a 71 anni.

Il progresso delle economie e delle società ha permesso di raggiungere stati di benessere inimmaginabili fino a pochi decenni fa. Questo non significa che i Paesi e le organizzazioni internazionali non debbano continuare a impegnarsi per contrastare la povertà, bensì piuttosto che alcune politiche pubbliche, unite al progresso tecnologico, possano davvero fare la differenza.

La differenza, in Paesi come Cina, India e in generale l'intera Asia, l'hanno fatta soprattutto riforme a favore del commercio, unite a politiche di inclusione per l'accesso a istruzione, sanità e infrastrutture.

Nel caso della Cina, le riforme pro-mercato sono state guidate dallo Stato in quello che viene definito "capitalismo di Stato", ovvero una condizione in cui lo Stato diventa esso stesso imprenditore, in misura più o meno importante, in iniziative economiche. Una dinamica simile si è registrata in Vietnam, dove negli ultimi anni il

PIL è cresciuto in maniera vertiginosa. Ancora ricordo, ad Hanoi, un simpatico signore incontrato al parco che mi portò a visitare la gelateria di Stato. Lo Stato del Vietnam produce e vende anche i gelati (e occupa un importante fetta dell'economia nazionale), ma la libera iniziativa è comunque garantita. È straordinario osservare quanto tecnologia, riforme, turismo, mercati e politiche pubbliche abbiano stravolto in poco tempo Paesi come la Thailandia o la Corea del Sud. Quest'ultima, in particolare, è passata da essere considerata un Paese relativamente povero a diventare una potenza economica mondiale, grazie soprattutto ad alcune importanti aziende locali come Samsung, Hyundai, Kia Motors, LG e SK.

Uno degli esercizi più interessanti da fare è visitare il sito della Banca Mondiale e mettere a confronto diversi Paesi (magari limitrofi o degli stessi continenti) per metriche economiche, come il *GDP per capita* o il *GDP*. Si tratta di un'attività estremamente semplice, che può dare risultati e informazioni sorprendenti. Potreste scoprire, ad esempio, che paesi molto vicini tra loro presentano importantissime differenze nelle metriche di sviluppo umano o negli indicatori economici, spesso dettati dalle scelte dei rispettivi governi, ma anche da storia, cultura, conformazione geografica, risorse naturali e altro ancora.

Lo studio di queste dinamiche è prerogativa dell'Economia dello Sviluppo, un'affascinante disciplina che si pone l'obiettivo di comprendere in che modo un Paese possa crescere e studia i modelli di successo o insuccesso.

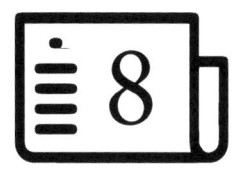

"Pressione e cuneo fiscale ai massimi storici"

Parole chiave:
- ➤ Pressione fiscale
- ➤ Cuneo fiscale
- ➤ Sugar Tax
- ➤ Web tax
- ➤ Elasticità della domanda

"Poche cose, nella vita, sono certe come le tasse", diceva qualcuno. Per cui, quando avremo fondato la nostra piattaforma online di gestione scuderie di unicorni (che diventerà essa stessa una società unicorno), ci troveremo di fronte alla necessità di pagare delle imposte.

Televisioni, giornali e media affrontano spesso il tema delle tasse, e all'interno del dibattito pubblico ci sono termini che tendono a ripetersi.

Cuneo fiscale, ad esempio, si riferisce alla differenza tra il costo del lavoro per il datore di lavoro e la retribuzione netta del lavoratore. Uno stipendio di 1500 euro comporterà un esborso dell'azienda di 2357 euro circa, tra contributi pensionistici e tasse. L'Italia presenta un *cuneo fiscale* tra i più alti in Europa e nel mondo, ed è per questo motivo che il termine entra spesso all'interno del dibattito politico. Per fare qualche esempio, la Svizzera presenta un cuneo fiscale di circa il 22 percento, il Regno Unito del 30 percento, la Spagna del 39 percento. L'Italia si posiziona vicino a Francia e Belgio, con una media del 46 percento.

Non c'è da stupirsi che alcuni partiti chiedano di abbassarlo. Il problema, però, è che risulterebbe molto complesso coprire i costi di un'eventuale riduzione del cuneo fiscale.

Questo, infatti, copre anche i costi delle pensioni e delle tutele per i lavoratori, che rappresentano una grossa fetta delle spese dello Stato. Il tema riguarda tutti i cittadini attivi nel mondo del lavoro: lavoratori dipendenti, imprenditori e liberi professionisti, dato che tutti pagano le tasse sui propri incassi.

Con la crisi demografica, la crisi economica e l'innalzamento dei costi, abbassare il cuneo fiscale è una sfida difficile per qualunque governo, ma, nonostante questo, ogni anno qualche politico propone sempre "di abbassare finalmente il cuneo fiscale". Considerata la situazione economica dell'Italia, a meno di tagli draconiani, sarà invece più facile vedere abbassamenti di alcune imposte e innalzamenti di altre, un po' come nel gioco delle tre carte. Alcune figure politiche hanno proposto, negli anni, di abbassare il costo del lavoro a fronte di un innalzamento di altre tasse, ad esempio sulla base dell'inquinamento prodotto o sui patrimoni.

In questo caso i giornali tendono a dare nomi pubblicitari alle proposte avanzate: alcuni esempi sono la *Carbon Tax*, tassa imposta sulla combustione di combustibili a base di carbonio (carbone, petrolio, gas), la *Tobin Tax* (tassa di tipo finanziario) e la *Sugar Tax*.

Questo tipo di tasse, basate su specifiche attività o consumi, hanno normalmente l'obiettivo di ridurre un comportamento ritenuto poco virtuoso o generatore di "esternalità negative", ovvero conseguenze indirette di una determinata dinamica, come l'inquinamento, le dipendenze o l'obesità.

Parlando di questo argomento, non possiamo non soffermarci sulle sui cosiddetti "vizi", come alcol, tabacco, gioco. I sostenitori di queste imposte ritengono che "tassare i vizi" possa rappresentare il miglior modo per ridurre consumi che potrebbero portare a esternalità negative e quindi ad aumenti di costi per lo Stato. Ad esempio, un Paese dove i cittadini si ammalano di diabete a causa dell'eccessivo consumo di zucchero potrebbe dover sostenere ingenti costi nel settore sanitario. Questa dinamica si sta verificando in molti Paesi del Sud Est Asiatico alle prese con il boom delle bevande zuccherate.

Chi si oppone a imposte del genere avanza spesso un argomento controverso: se lo Stato guadagna dai vizi, aumentando le tasse su di essi quale sarà il vero incentivo a ridurli?

In questo caso il riferimento è alla cosiddetta *elasticità della domanda*, che nel caso di questo tipi di prodotto è abbastanza rigida. Comprendere il concetto di elasticità è piuttosto semplice.

L'elasticità della domanda

Immaginiamo di voler acquistare ferri per gli zoccoli dei nostri unicorni. I ferri costano 10 euro. Improvvisamente, per via dell'inflazione, i ferri iniziano a costare 13 euro. Probabilmente la propensione all'acquisto non cambierà, e quindi la domanda del prodotto resterà invariata perché tutti i proprietari di unicorni avranno comunque bisogno di 4 ferri. Invece di spendere 40 euro, però, ora ne spenderanno 52. Immaginiamo adesso la stessa dinamica di innalzamento dei prezzi, ma su un bene meno necessario: i nastri da criniera per gli unicorni, giusto per rimanere in tema. Il prezzo, al netto di una nuova tassa o di un aumento dell'inflazione, è di 5 euro. Improvvisamente, gli stessi prodotti cominciano a costare 7 euro. Molti consumatori potrebbero decidere di comprare meno nastri, di effettuare un acquisto alternativo o rivolgersi a un altro venditore, acquistando magari un prodotto di un'altra marca. Questo piccolo esempio si collega al concetto di elasticità.

L'elasticità della domanda al prezzo è una misura della variazione del consumo di un prodotto in relazione a una variazione del suo prezzo. Gli economisti utilizzano l'elasticità del prezzo per capire come la domanda e l'offerta di un prodotto cambiano al variare del suo prezzo. È interessante comprendere quale domanda di prodotti beneficia di un'elasticità più o meno accentuata. Questo aiuta a comprendere, ad esempio, quanto possano incidere eventuali tasse o aumenti di costi sulla domanda di quegli specifici prodotti.

I prodotti con domanda "elastica" sono quelli la cui variazione del prezzo provoca una variazione sostanziale della domanda. Di solito si tratta di prodotti secondari, come abbigliamento, profumi, biscotti, bibite. Quando il prezzo di questi prodotti aumenta, generalmente i consumatori scelgono di comprare prodotti sostitutivi. Esempi sono i biscotti, le automobili di lusso e il caffè.

Nel caso dei prodotti "anelastici" (ossia non elastici), la variazione di prezzo non porta ad una sostanziale variazione della domanda. Ciò significa che il prodotto è considerato una necessità o un bene di lusso a cui non si vuole rinunciare. Esempi sono la benzina, il latte e, in una certa misura, gli smartphone.

Proprio perché alcuni beni presentano una domanda "elastica", l'idea che questi vengano tassati spaventa moltissimo i produttori. Nel caso della *sugar tax*, la tassa sulle bevande zuccherate, i produttori hanno lamentato immediatamente il rischio di perdere milioni di euro in fatturato, con conseguenze su posti di lavoro e indotto.

Per questa ragione, i produttori, i distributori o le società interessate all'impatto di una specifica tassa su un particolare prodotto spesso si riuniscono in organizzazioni di rappresentanza di interessi, al fine di contrastare l'introduzione di tasse o ulteriori vincoli. Studi, report e analisi delle disastrose conseguenze economiche di eventuali provvedimenti vengono presentati ai decisori pubblici, in modo da dissuaderli dal sostenere una specifica politica pubblica.

In realtà non tutti gli imprenditori sono contrari a nuove tasse. Nel caso dell'energia, la competizione tra diverse fonti di approvvigionamento si svolge anche su temi di natura politica e fiscale: tassare le auto a benzina o diesel incoraggia la produzione di quelle elettriche (e il relativo indotto). La tassa sulla plastica può incoraggiare la produzione di vetro, e così via. Le conseguenze di una tassa (o di un'esenzione fiscale) sono molteplici e difficilmente individuabili in un unico effetto. Per questo motivo, quando si parla di nuove tasse (o di esenzioni) è sempre bene considerarne le conseguenze a 360 gradi, identificando tutti i possibili beneficiari e soggetti impattati. Mappare i soggetti a favore o contro una determinata scelta di politica pubblica può aiutarci a capire in che misura questa sia dettata da interessi economici, i quali sono comunque quasi sempre presenti.

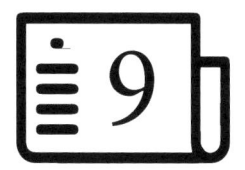

"Stretta su export: i dazi colpiscono la Cina"

Parole chiave:
- Monopoli
- Oligopoli naturali
- Antitrust
- Dazi
- Commercio internazionale

Avete presente quando vi stupite del prezzo di un prodotto e pensate che sia dovuto da tasse, scelte del produttore, cuneo fiscale, o dall'elasticità della domanda (perché avrete letto con attenzione questo libro)? Ebbene, in realtà può accadere, in alcuni casi, che il prezzo finale del prodotto non sia deciso dal produttore, dal distributore o dal consumatore, ma, indirettamente, dallo Stato stesso.

Questo accade quando i prodotti presentano prezzi calmierati o monitorati (stabiliti da un ente pubblico) e quando sono sottoposti a dazi.

Nel primo caso, in Italia, possiamo fare riferimento ai prezzi di alcuni farmaci ospedalieri, di alcuni servizi legati all'energia, e fino a poco tempo fa, anche delle mascherine. In queste circostanze, l'obiettivo dichiarato è mantenere sotto controllo dello Stato i prezzi di beni o servizi considerati indispensabili o che vengono erogati all'interno di contesti economici di monopolio o oligopolio naturale.

Monopoli e oligopoli

Monopoli e oligopoli descrivono dei contesti di mercato in cui gli erogatori di un servizio o di un bene sono un unico soggetto (nel caso del monopolio) oppure in numero limitato (nel caso dell'oligopolio).

I monopoli sono considerati altamente inefficienti dagli economisti, in quanto rischiano di influenzare i prezzi e ridurre la concorrenza, creando danni ai consumatori.

Pensa a quando ti fermi in una stazione di servizio in autostrada, o in un bar all'aeroporto, sulle piste da sci o nei parchi di divertimento. In questi casi non hai molta scelta proprio perché non c'è concorrenza (o perlomeno non ce n'è molta) e, caso strano, i prezzi sono sempre più alti della media. Questo avviene perché alcuni soggetti, per diverse ragioni, riescono ad acquisire lo status di "monopolisti" od "oligopolisti" di uno specifico mercato o prodotto. La dinamica può verificarsi anche senza che vi sia la reale volontà di creare un mercato con un numero di competitor limitato. Aprire una pizzeria o un bar richiede sforzi organizzativi e di personale, ma avviare una centrale nucleare, distribuire il gas, sviluppare un giacimento di petrolio o erogare servizi ferroviari richiede sforzi economici e infrastrutturali ben maggiori, che pochi attori del mercato possono permettersi.

I costi di avviamento o di gestione di questa attività vengono chiamati *barriere naturali*, e fungono da deterrente per lo sviluppo di competitor. In questo caso si parla di oligopoli, o monopoli naturali.

Per evitare le conseguenze più negative relative alla presenza dei monopoli naturali, i governi e gli enti sovranazionali, come l'Unione Europea, mettono in campo politiche di controllo che rientrano nel campo definito dell'*antitrust,* una branca del diritto che si occupa, tra le altre cose, della concorrenza e dei diritti dei consumatori.

I dazi

Un'altra dinamica di innalzamento artificiale dei prezzi riguarda i prodotti sottoposti a dazi.

In pochi sanno che frutta e verdura provenienti da Paesi extra-europei sono quasi sempre sottoposti a dazi.

I dazi doganali sono delle semplici tasse applicate alle merci quando attraversano i confini internazionali. I dazi vengono imposti da autorità e organismi speciali creati dai governi locali o sovranazionali (come l'Unione Europea) e hanno lo scopo di proteggere le industrie, le economie e le imprese locali da soggetti concorrenti, di fatto "danneggiando" questi ultimi imponendogli un'importante *zavorra* sul prezzo finale.

Nel corso della storia, i dazi più importanti, come quelli dell'agricoltura nell'Unione Europea, sono stati sviluppati grazie al sostegno politico di organizzazioni di rappresentanza di interessi che hanno esercitato azioni di *lobbying,* spingendo i governi a "proteggere" le economie (ma un po' meno i consumatori).

I dazi dividono gli economisti, come spesso accade. C'è chi ritiene che sia sbagliato danneggiare la concorrenza e vorrebbe che non ci fossero confini nel commercio internazionale, e chi invece ritiene che sia compito dello Stato proteggere le categorie produttive da competitor che potrebbero avere costi di produzione più bassi.

La sottile linea tra essere dei concorrenti "sleali", che ignorano tutele ambientali, sfruttano i lavoratori e abbassano i costi, ed essere semplicemente dei concorrenti "più bravi", più efficaci o anche più fortunati (ad esempio nel caso del clima) è ciò che qualifica una scelta protezionistica come equa o arbitraria.

I dazi sono utilizzati anche come *proiettili* nelle guerre commerciali tra Paesi, che si svolgono in maniera silenziosa ma spietata. Quando due o più Paesi si ritrovano coinvolti in una disputa politica, giuridica o commerciale, possono "vendicarsi" con l'altro Paese imponendo, ad esempio, dazi su alcuni prodotti. Questo è successo quando la Francia e l'Unione Europea discutevano della *Web Tax* sui colossi del tech, contro il volere degli Stati Uniti, le cui società ne avrebbero subìto in misura maggiore le conseguenze.

Infatti, le aziende più importanti del settore tech operative in Europa sono americane. Per rispondere a questa provocazione, gli Stati Uniti hanno aumentato i dazi su saponi, formaggi, champagne, profumi, cosmetici e borse. Queste dinamiche sono del tutto ordinarie nel contesto dei rapporti tra Stati, e sono regolamentate dal diritto internazionale e da accordi multilaterali come quelli definiti dal *World Trade Organization* (WTO), organismo che promuove il commercio internazionale.

Dietro un dazio, quindi, c'è spesso molto di più di una tassa, ma un complesso sistema di equilibri tra poteri locali ed internazionali.

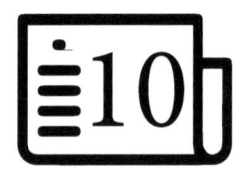

"Liberalizzazioni: scontro nel governo"

Parole chiave:
- Liberalizzazioni
- Licenze

Un tempo lo Stato italiano prevedeva un numero massimo di panettieri e parrucchieri per ogni città. Questo numero veniva definito dalle *licenze* (autorizzazioni) emesse per autorizzare un cittadino a panificare e vendere i prodotti panificati, ad esempio. Attraverso i processi di integrazione europea, molti di questi limiti (che naturalmente non riguardavano solo i panifici, ma moltissimi settori) sono poi stati aboliti per garantire una maggiore concorrenza a beneficio dei consumatori e offrire maggiori opportunità di lavoro e meno barriere di ingresso all'attività imprenditoriale.

Anche le compagnie aeree erano sottoposte a dei limiti. Le tratte nazionali, come ad esempio Milano-Bari,

"Liberalizzazioni: scontro nel governo"

potevano essere offerte solo dalla compagnia di bandiera (la fallita Alitalia). Il processo di integrazione europea intervenne in questo campo, obbligando lo Stato italiano a liberalizzare gli slot aerei e permettere anche ad altre compagnie di poter offrire le stesse tratte.

In entrambi i casi ci troviamo di fronte ad un processo di *liberalizzazione*: la possibilità di rimuovere o allentare restrizioni che riguardano una dinamica economica o commerciale, con l'obiettivo di aumentare la concorrenza.

È anche grazie alle liberalizzazioni che i prezzi dei biglietti aerei su tratte brevi si sono gradualmente abbassati, così come gli altri costi per i consumatori.

I processi di liberalizzazione, però, non sono amati da tutti e spesso si trovano al centro del dibattito politico. In Italia rimangono ancora diversi settori non liberalizzati, dove vengono imposti limiti a chi desidera esercitare una specifica professione o attività imprenditoriale.

I limiti possono essere di vari livelli, così come le liberalizzazioni stesse, e possono riguardare la necessità di un'iscrizione a un albo, il pagamento e ottenimento di una licenza e l'adesione a determinati standard.

Il dibattito pubblico si è concentrato molto sui settori più difficili da liberalizzare, come quello dei taxi e degli stabilimenti balneari.

Immaginiamo di voler svolgere l'attività di tassista.

Bene: immaginare non è sufficiente, perché tra il desiderare e l'ottenere la licenza c'è di mezzo un percorso molto complesso. Per svolgere l'attività di tassista è necessario ottenere una licenza che viene normalmente concessa dagli enti pubblici, sotto forma di concorso. Il problema è che i concorsi non vengono banditi con grande frequenza, proprio perché i tassisti attualmente operativi non vogliono che vengano concesse nuove licenze. La scarsità di licenze, unita alla forte domanda, ha creato un mercato milionario legato alle licenze taxi, dove chi non passa il concorso, o semplicemente non vi partecipa, può rivolgersi a un altro tassista che desidera vendere la propria licenza. Come vengono vendute le licenze? La dinamica è stata mostrata da numerose inchieste giornalistiche: a volte attraverso acquisti in nero, e, quasi sempre, con cifre da capogiro.

Il caso delle mancate liberalizzazioni dei taxi è emblematico per capire cosa accade quando vengono integrati questi ingredienti: la scarsa capacità di programmazione di uno Stato rispetto a domanda e offerta di un servizio e l'esistenza di una corporazione o comunità unita e politicamente forte.

C'è un ultimo punto che vale la pena toccare nell'analisi delle liberalizzazioni: non è detto che una liberalizzazione sia dannosa per le parti coinvolte (in questo caso i tassisti, o, nel primo esempio, i panettieri).

Come spesso accade nelle scienze economiche, ci sono diverse teorie (spesso contrapposte), ma l'evidenza empirica della ricerca economica mostra che, a un alto grado di liberalizzazione, spesso cresce la domanda di quello stesso servizio, a beneficio di chi lo eroga.

In alcune città del mondo, l'aumento dei servizi di car sharing ha avuto sì un primo impatto sui prezzi dei taxi, che sono diminuiti, ma, in poco tempo, ha portato poi a un aumento della richiesta di taxi. Sempre meno persone decidevano di possedere o usare un'auto propria, essendoci diverse opportunità e alternative.

Spesso è l'offerta a creare la domanda: significa che, più possibilità ci sono per il consumatore, più il consumatore effettuerà quell'acquisto. È un po' il principio che ci incentiva a recarci nella via con tanti locali o pizzerie, e non in quella con poca scelta, o che ci spinge a soggiornare in località turistiche con moltissimi hotel: l'offerta di servizi attira la domanda.

Le liberalizzazioni sono, ancora oggi, un complesso capitolo del dibattito pubblico politico. Stabilimenti balneari, notai, taxi e altre categorie e attività imprenditoriali sono legate a sistemi di controllo e autorizzazione statale, e, almeno secondo i trend recenti, sembrano destinati a restare invariati.

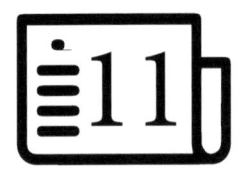

"Cripto, e valute digitali: i governi pensano alla regolamentazione"

Parole chiave:
- Criptovaluta
- Blockchain
- Bitcoin
- Euro digitale
- CBDC
- Valuta digitale

Tutto cambia, tutto si trasforma, e così anche l'economia. Alcune evoluzioni e innovazioni hanno più successo di altre, e spesso sono necessari molti anni prima di poter definire un giudizio. Nel caso delle criptovalute ci troviamo di fronte ad una fase di forte evoluzione, spesso confusa o di difficile comprensione, ma che nei prossimi anni potrebbe coinvolgere sempre più Stati, i quali da tempo parlano di creare delle nuove valute digitali. Per questo motivo, le notizie che riguardano le criptovalute trovano sempre più spazio sui giornali.

Il tema delle criptovalute integra elementi molto complessi di tecnologia e altri più semplici che riguardano la sfera economica. In questo capitolo ti fornirò delle nozioni base per poter comprendere le caratteristiche principali di criptovalute e valute digitali. Per comprendere il fenomeno, naturalmente, è bene partire dalla definizione di *criptovaluta*.

Una criptovaluta è una valuta digitale o virtuale protetta da un sistema di crittografia, che ne rende quasi impossibile la contraffazione o il doppio pagamento.

Molte criptovalute sono state sviluppate attraverso dei sistemi decentralizzati (senza un organismo unico di sviluppo) basati sulla tecnologia *blockchain*.

La blockchain

La tecnologia blockchain consiste in un database distribuito e condiviso tra i punti di connessione di una rete di computer, chiamati nodi. In quanto database, una blockchain memorizza elettronicamente informazioni in formato digitale. I sistemi blockchain sono noti per il loro ruolo nei sistemi di criptovalute: vengono utilizzati come registri delle transazioni, come se ci fosse un sistema di tesoreria distribuita che certifica ogni trasferimento di denaro.

L'innovazione della blockchain è che permette di garantire la correttezza e la sicurezza di un insieme di dati e genera fiducia senza la necessità di una terza parte "istituzionale", come ad esempio una Banca Centrale.

A capo della "tesoreria" virtuale troviamo programmatori da tutto il mondo, "minatori" che hanno il compito e l'opportunità di vigilare sul sistema e assicurarsi che funzioni correttamente, i quali vengono premiati e retribuiti in Bitcoin.

Il funzionamento del *Bitcoin* è garantito proprio dallo sviluppo di questa tecnologia.

Il Bitcoin

Il Bitcoin funge da denaro e da forma di pagamento: può essere utilizzato come strumento di scambio e come moneta (ovviamente da chi lo accetta e ne riconosce il valore). Questo avviene al di fuori del controllo di qualsiasi persona o entità, eliminando la necessità di un coinvolgimento di terzi nelle transazioni finanziarie, cosa necessaria con il denaro tradizionale.

Il Bitcoin è stato introdotto al grande pubblico nel 2009 da uno sviluppatore anonimo (o da un gruppo di sviluppatori) noto/i con il nome di Satoshi Nakamoto. La scelta del 2009 non è stata, probabilmente, una casualità. Si tratta dell'anno successivo alla crisi finanziaria più importante degli ultimi decenni, che aveva messo più volte in discussione il ruolo delle banche (e dei governi) e della rispettiva affidabilità. Da allora, Bitcoin è diventato la criptovaluta più conosciuta al mondo, e la sua popolarità ha ispirato lo sviluppo di molte altre criptovalute.

Il numero di Bitcoin è limitato, come deciso dal suo creatore, e questo ha generato, fino a ora, un meccanismo deflattivo, in cui il Bitcoin ha acquisito sempre più valore a causa della sua scarsità. Gli elementi tecnologici alla base del Bitcoin possono risultare complessi. Quelli più semplici da capire, invece, riguardano le dinamiche economiche.

Tanti investitori oggi utilizzano il Bitcoin come bene di investimento, un po' come avviene per l'oro o per un immobile. Altri lo utilizzano come sistema di pagamento che possa garantire la privacy, poiché le transazioni sono sì registrate sulla tecnologia blockchain con dei codici, ma sono, di fatto, anonime.

Altri ancora. invece, ne sfruttano il meccanismo per ridurre il rischio di impoverimento dovuto a possibili svalutazioni della valuta di riferimento del proprio Stato. Nel mondo ci sono inoltre milioni di persone non raggiunte dai sistemi bancari tradizionali, sprovviste di conti correnti e senza accesso alle banche. Questa dinamica riguarda in particolare i paesi del Sud America e del Sud Est Asiatico. Per alcuni cittadini, specialmente giovani, l'utilizzo di una criptovaluta all'interno di un portafogli digitale potrebbe essere più semplice rispetto all'apertura di un conto bancario, specialmente quando nel proprio territorio mancano fisicamente le filiali bancarie.

Quello che ha incoraggiato, infine, alcuni risparmiatori a investire in Bitcoin è anche la possibilità di trasferire e conservare una risorsa economica digitale facilmente liquidabile e convertibile, al contrario di un immobile, di un lingotto d'oro o di un'opera d'arte, ad esempio.

Una caratteristica distintiva delle criptovalute è che queste generalmente non sono emesse da alcuna autorità centrale, rendendole teoricamente immuni da interferenze o manipolazioni governative. Al tempo stesso, le criptovalute sfuggono quindi facilmente ai controlli dell'antiriciclaggio.

Si stima che moltissime transazioni criminali avvengano grazie a criptovalute. Niente di nuovo sotto il sole: prima si usavano i contanti, poi i lingotti e le opere d'arte, ora anche le criptovalute.

Le valute digitali delle banche centrali (CBDC)

Il successo di Bitcoin ha incoraggiato molti stati a immaginare lo sviluppo di valute digitali promosse dalle banche centrali: le CBDC, *Central Bank Digital Currency*.

Le valute digitali delle banche centrali sono "gettoni" digitali, simili alle criptovalute, emessi da una banca centrale e il cui valore è agganciato al valore della valuta di quel Paese.

L'obiettivo principale delle CBDC è di fornire alle imprese e ai consumatori privacy, trasferibilità, accessibilità e sicurezza finanziaria. Insomma, quello che oggi dovrebbero offrire le criptovalute, ma con in aggiunta la garanzia di uno Stato.

Le CBDC potrebbero anche diminuire i costi di gestione e manutenzione dei sistemi finanziari, nonché fornire nuove opzioni a chi oggi usa le criptovalute, le quali non sono certo immuni da rischi. Le criptovalute sono infatti altamente *volatili*: il loro valore fluttua costantemente. La volatilità può causare gravi tensioni finanziarie e compromettere la stabilità generale di un'economia, sebbene i sostenitori delle criptovalute ritengano che questi scenari siano improbabili, nel lungo periodo.

"Cripto, e valute digitali: i governi pensano alla regolamentazione"

In ogni caso, le CBDC, sostenute da un governo e controllate da una banca centrale, avrebbero l'intento dichiarato di fornire a consumatori e imprese un mezzo stabile per lo scambio di valuta digitale.

E anche questo potrebbe essere il futuro dell'economia.

Questo libro è stato prodotto e stampato in maniera indipendente.

Se lo hai trovato utile puoi sostenerne la diffusione con passaparola e recensioni.

Per domande, commenti, proposte o segnalazioni:
www.elisaserafini.com

Copyright © 2022 Elisa Serafini - www.elisaserafini.com
Proprietà letteraria riservata

Printed in Poland
by Amazon Fulfillment
Poland Sp. z o.o., Wrocław